AF234510

Impressum
Verlag: BABADADA GmbH, Nedderfeld 112 , 22529 Hamburg
Geschäftsführer / Verlagsleitung: Harald Hof
Druck: Books on Demand GmbH, In de Tarpen 42, 22848 Norderstedt

Imprint
Publisher: BABADADA GmbH, Nedderfeld 112 , 22529 Hamburg, Germany
Managing Director / Publishing direction: Harald Hof
Print: Books on Demand GmbH, In de Tarpen 42, 22848 Norderstedt

مدرسه

escola

کلاس درس
classe
تقسیم کردن
dividir
186/2
تخته
tauler
pati (de l'escola)
معلم
professor
کاغذ
paper
نوشتن
escriure
خودکار
estilogràfica
میز تحریر
escriptori
خط کش
regle
کتاب
llibre
دانش آموز
estudiant

کیف مدرسه

bossa

جامدادی

estoig

مداد

llapis

تراش

maquineta de fer punta

پاک کن

goma

دفتر رسم

bloc de dibuix

2

طراحی

dibuix

قلم مو

pinzell

جعبه ی آبرنگ

capsa de pintures

قیچی

tisores

چسب

cola

کتاب تمرین

quadern d'exercicis

تکلیف خانه

deures

12

رقم

nombre

2+2

جمع کردن

afegir

5-2

تفریق کردن

sostreure

2×2

ضرب کردن

multiplicar

محاسبه کردن

calcular

A

حرف الفبا

lletra

ABCDEFG
HIJKLMN
OPQRSTU
VWXYZ

الفبا

alfabet

hello

کلمه

mot

متن

text

خواندن

llegir

گچ

guix

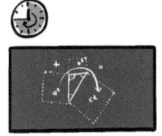

درس

lliçó

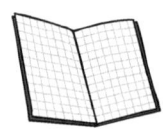

ثبت نام

llibre de classe

امتحان

examen

مدرک رسمی

certificat

لباس مدرسه

uniforme escolar

تحصیلات

formació

دانشنامه

enciclopèdia

دانشگاه

universitat

میکروسکوپ

microscopi

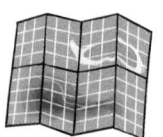

نقشه

mapa

سبد کاغذ باطله

paperera

سفر
viatge

هتل
hotel
مسافرخانه
alberg
صرافی
oficina de canvi
چمدان
maleta
اتومبیل
automòbil

زبان

llengua

بله / خیر

sí / no

اکی

D'acord

سلام

Ey!

مترجم

traductora

ممنون

gràcies

قیمت ... چه قدر است؟

Quant costa... ?

من متوجه نمی شوم

No entenc

مشکل

problema

عصر بخیر! / شب بخیر!

Bona nit!

صبح بخیر!

bon dia!

شب بخیر!

bona nit!

خدانگهدار

fins aviat

جهت

direcció

بار سفر

bagatge

کیف

bossa

کوله پشتی

sarrona

مهمان

convidat

اتاق

cambra

کیسه خواب

sac de dormir

خیمه

tenda

مرکز راهنمای گردشگران

oficina de turisme

ساحل

platja

کارت اعتباری

carta de crèdit

صبحانه

esmorzar

نهار

dinar

شام

sopar

بلیط

bitllet

آسانسور

ascensor

مهر

segell

مرز

frontera

گمرک

duana

سفارتخانه

ambaixada

ویزا

visat

گذرنامه

passaport

حمل و نقل

transport

هواپیما
vol
کشتی
vaixell
ماشین آتش نشانی
automòbil dels bombers
اتوبوس
bus
کامیون
camió
قایق موتوری
llanxa de motor
دوچرخه
bicicleta
اتومبیل
automòbil

کشتی مسافربری

....

transbordador

قایق

....

barca

موتورسیکلت

....

moto

ماشین پلیس

....

automòbil de policia

ماشین مسابقه

....

automòbil de curses

ماشین کرایه ای

....

automòbil de lloguer

به اشتراک گذاری اتوموبیل

vehicle compartit

جرثقیل

grua

ماشین حمل زباله

camió de les escombraries

موتور

motor

بنزین

benzina

پمپ بنزین

benzineria

تابلو راهنمایی و رانندگی

senyal de trànsit

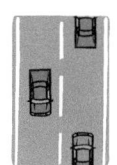

عبور و مرور

trànsit

ترافیک

embús

پارکینگ

aparcament

ایستگاه قطار

estació de trens

ریل راه آهن

vies

قطار

tren

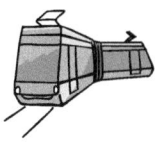

قطار برقی

tramvia

واگن

vagó

هلیکوپتر

....

helicòpter

فرودگاه

....

aeroport

برج

....

torre

مسافر

....

passatger

کانتینر

....

contenidor

کارتن

....

capsa de cartó

گاری

....

carretó

سبد

....

cistella

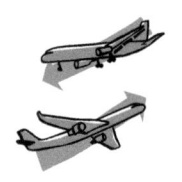

به پرواز درآمدن / فرود آمدن

....

enlairar-se / aterrar

شهر

ciutat

دهکده

....

poble

مرکز شهر

....

centre de la ciutat

خانه

....

casa

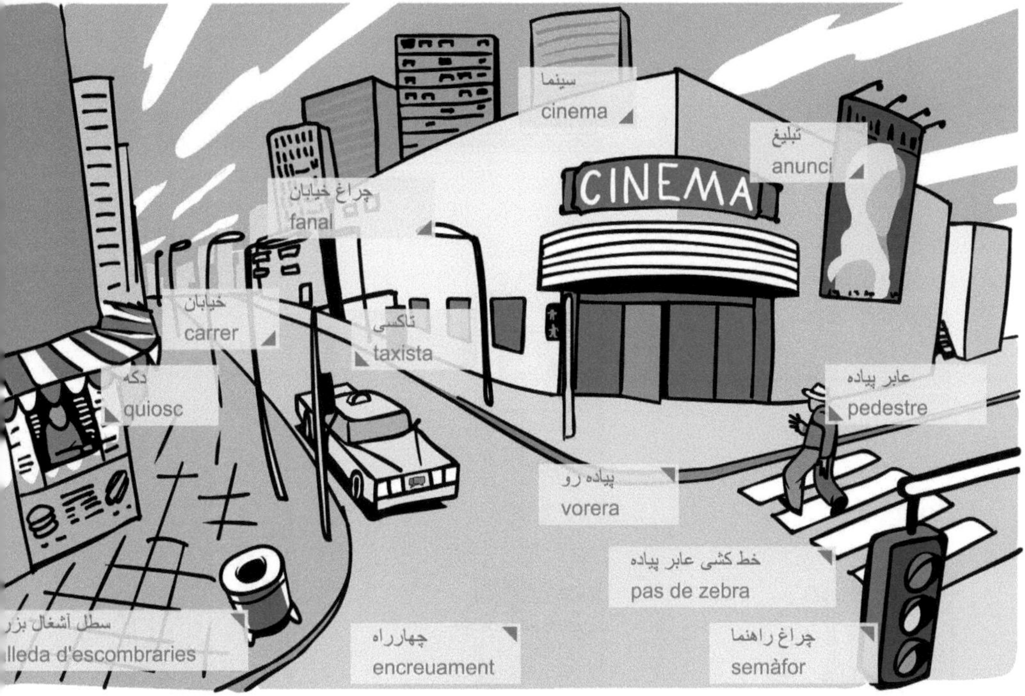

CINEMA
سینما
cinema
تبلیغ
anunci
چراغ خیابان
fanal
خیابان
carrer
تاکسی
taxista
دکه
quiosc
عابر پیاده
pedestre
پیاده رو
vorera
خط کشی عابر پیاده
pas de zebra
سطل آشغال بزر
lleda d'escombraries
چهارراه
encreuament
چراغ راهنما
semàfor

کلبه

cabana

آپارتمان

apartament

ایستگاه قطار

estació de trens

ساختمان شهرداری

casa de la vila-ciutat

موزه

museu

مدرسه

escola

دانشگاه

universitat

بانک

banca

بیمارستان

hospital

هتل

hotel

داروخانه

farmàcia

اداره

oficina

کتابفروشی

llibreria

مغازه

botiga

گل فروشی

floristeria

سوپرمارکت

supermercat

بازار

mercat

فروشگاه بزرگ

gran magatzem

ماهی فروش

peixateria

مرکز خرید

centre comercial

بندر

port

پارک

parc

نیمکت

banc

پل

pont

پله

escala

مترو

metro

تونل

túnel

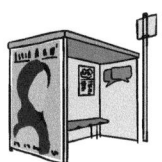

ایستگاه اتوبوس

parada d'autobús

میخانه

bar

رستوران

restaurant

صندوق پست

bústia de correu

تابلوی خیابان

senyal indicador

دستگاه پارکومتر

parquímetre

باغ وحش

zoo

استخر شنای عمومی

piscina

مسجد

mesquita

مزرعه

granja

آلودگی محیط زیست

pol·lució

قبرستان

cementiri

کلیسا

església

زمین بازی

parc infantil

معبد

temple

چشم انداز

paisatge

برگ
fulla

تابلوی راهنمای مسیر
cartell indicador

راه
camí

چمنزار
prat

سنگ
pedra

درخت
arbre

راه نورد
excursionista

رودخانه
riu

چمن
gespa

گل
flor

دره
....
vall

تپه
....
muntanya

دریاچه
....
llac

جنگل
....
bosc

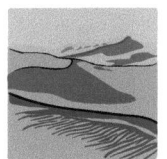

بیابان
....
desert

کوه آتشفشان
....
volcà

قلعه
....
castell

رنگین کمان
....
arc de Sant Martí

قارچ
....
bolet

درخت نخل
....
palmera

پشه
....
moscard

مگس
....
mosca

مورچه
....
formiga

زنبور
....
abella

عنکبوت
....
aranya

سوسک

escarabat

قورباغه

granota

سنجاب

esquirol

جوجه تیغی

eriçó

خرگوش صحرایی

llebre

جغد

òliba

پرنده

ocell

قو

cigne

گراز

senglar

گوزن نر

cervo

گوزن شمالی

ant

سد آب

presa

توربین بادی

turbina

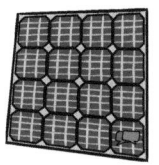

صفحه ی خورشیدی

panell solar

آب و هوا

clima

رستوران
restaurant

cambrer
منوی غذا
menú
صندلی
cadira
سوپ
sopa
پیتزا
pizza
سرویس کارد و قاشق و چنگال
coberts
رومیزی
tovalla

پیش‌غذا

primer plat

غذای اصلی

plat principal

دسر

darreries

نوشیدنی ها

begudes

غذا

menjar

بطری

ampolla

فست فود

menjar ràpid

اغذیه خیابانی

menjar de carrer

قوری

tetera

قندان

sucrer

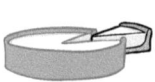

پُرس غذا

porció

دستگاه اسپرسو

màquina d'espresso

صندلی پایه بلند غذاخوری بچه

trona

صورتحساب

factura

سینی

plata

چاقو

ganivet

چنگال

forqueta

قاشق

cullera

قاشق چایخوری

cullereta

دستمال سفره

tovalló

لیوان

got

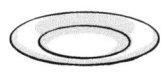

بشقاب

plat

بشقاب سوپخوری

plat de sopa

نعلبکی

plateret

سس

salsa

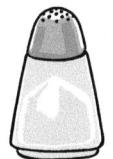

نمکدان

saler

فلفل ساب

molinet de pebre

سرکه

vinagre

روغن خوراکی

oli

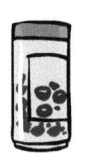

ادویه جات

espècies

سس کچاپ

quètxup

سس خردل

mostassa

سس مایونز

maionesa

سوپرمارکت

supermercat

پیشنهاد ویژه
oferta especial
مشتری
client
لبنیات
productes lactis
میوه جات
fruites
چرخ دستی خرید
carret de la compra

قصابی
....
carnisseria

نانوایی
....
forn de pa

وزن کردن
....
pesar

سبزیجات
....
verdures

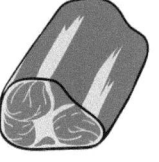

گوشت
....
carn

غذای منجمد
....
menjar congelat

مخلوطی از انواع کالباس یا پنیر که
ورقه ای بریده شده باشند

carn freda

غذای کنسروی

conserves

پودر لباسشویی

detergent en pols

شیرینی جات

dolços

لوازم خانگی

articles domèstics

ماده شوینده و پاک کننده

productes de neteja

فروشنده

venedora

صندوق پرداخت

caixa registradora

صندوقدار

caixera

لیست خرید

llista de la compra

ساعات کار

horari d'obertura

کیف پول

portamonedes

کارت اعتباری

carta de crèdit

کیف

bossa

کیسه ی پلاستیکی

bossa de plàstic

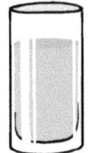

نوشیدنی ها

begudes

آب

aigua

آبمیوه

suc

شیر

llet

نوشابه کوکاکولا

coca-cola

شراب

vi

آبجو

cervesa

الکل

alcohol

کاکائو

cacau

چای

te

قهوه

cafè

قهوه اسپرسو

espresso

کاپوچینو

cappuccino

موز

banana

سیب

poma

پرتقال

taronja

انواع هندوانه و خربزه

síndria

لیمو

llimona

هویج

pastanaga

سیر

all

نی بامبو

bambú

پیاز

ceba

قارچ

bolet

آجیل

avellanes

ماکارونی

fideus

اسپاگتی

espaguetis

برنج

arròs

سالاد

amanida

سیب زمینی سرخ کرده

patates fregides

سیب زمینی سرخ شده

patates fregides

پیتزا

pizza

همبرگر

hamburguesa

ساندویچ

entrepà

شنیتسل

escalopa

ژامبون خوک

cuixot

سالامی

salami

سوسیس

salsitxa

مرغ

pollastre

نوعی گوشت سرخ شده

rostit

ماهی

peix

جوی پرک شده

flocs de civada

نوعی صبحانه مخلوطی از برگه ذرت و
میوه های خشک شده و خشکبار که
معمولا با شیر خورده می شود

musli

کورن‌فلکس

cereals

آرد

farina

کرواسان

croissant

نان بروتشن

panet

نان

pa

نان تست

torrada

بیسکویت

bescuits

کره

mantega

کشک

mató

کیک

pastís

تخم مرغ

ou

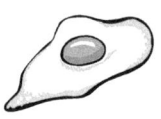

تخم مرغ نیمرو

ou fregit

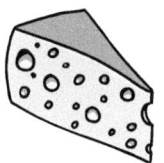

پنیر

formatge

بستنی
gelat

شکر
sucre

عسل
mel

مربا
melmelada

کرم شکلاتی بادامی
crema de xocolata

ادویه کاری
curri

مزرعه
granja

خانه ی مزرعه داران
granja
انبار غله
graner
خرمن کاه
bala de palla
مزرعه
camp
اسب
cavall
ماشین یدک کش
remolc
تراکتور
tractor
کره اسب
poltre
خر
ase
گوسفند
ovella
بره
xai

بز
cabra

گاو ماده
vaca

گوساله
vedella

خوک
porc

بچه خوک
garrí

گاو نر
bou

مزرعه - granja

غاز
....
oca

اردک
....
ànec

جوجه
....
poll

مرغ
....
gall

خروس
....
gallina

موش صحرایی
....
rata

گربه
....
gat

موش
....
ratolí

گاو نر اخته
....
bou

سگ
....
gos

لانه ی سگ
....
gossera

شلنگ باغبانی
....
mànega de regar

آبپاش
....
regadora

داس دسته بلند
....
dalla

گاوآهن
....
arada

داس

falç

کج بیل

aixada

چنگک باغبانی

forca

تبر

destral

فرقون

carretó

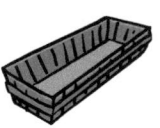

آبشخور

abeurador

بطری نگهداری شیر

lletera

کیسه

sac

حصار

tanca

اصطبل

establa

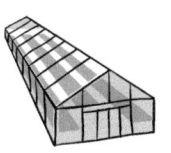

گلخانه

hivernacle

خاک

sòl

بذر

llavor

کود

adob

ماشین کمباین

collidora

برداشت کردن محصول

collir

محصول

collita

تمیس

nyam

گندم

blat

سویا

soja

سیب زمینی

patata

ذرت

blat de moro o d'indi

کلزا

colza

درخت میوه

arbre fruiter

گیاه مانیوک

mandioca

غلات

cereals

خانه

casa

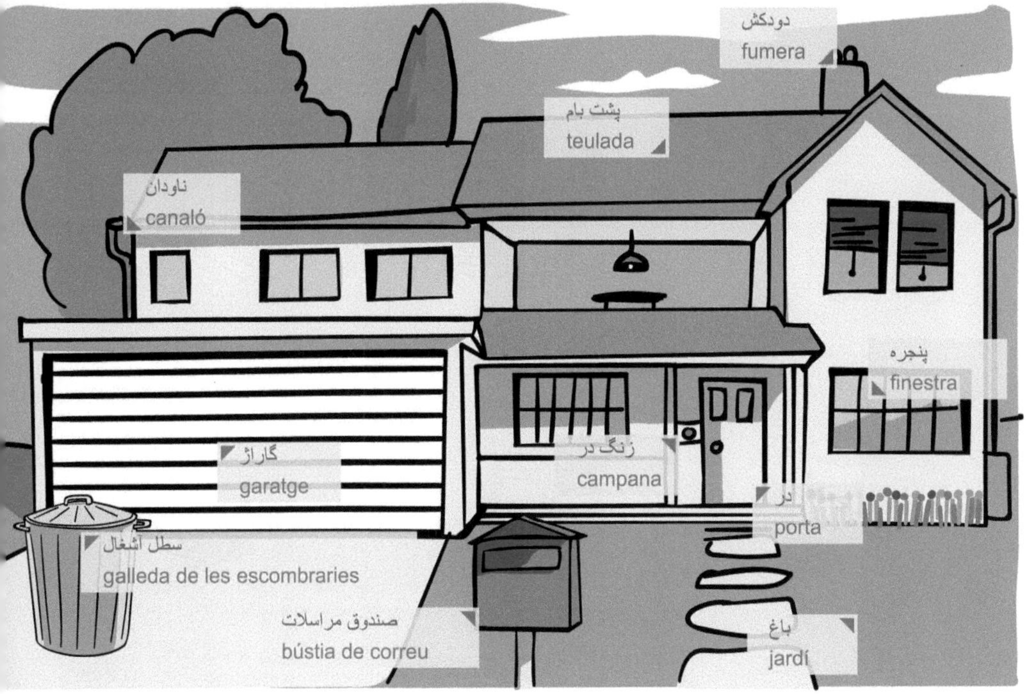
دودکش
fumera
پشت بام
teulada
ناودان
canaló
پنجره
finestra
گاراژ
garatge
زنگ در
campana
در
porta
سطل آشغال
galleda de les escombraries
صندوق مراسلات
bústia de correu
باغ
jardí

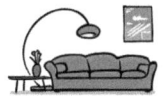

اتاق نشیمن

sala d'estar

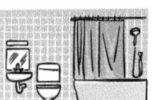

حمام

bany

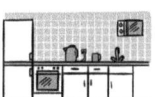

آشپزخانه

cuina

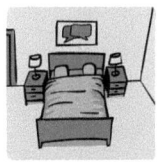

اتاق خواب

cambra de dormir

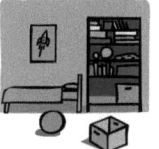

اتاق بچه

cambra de nen

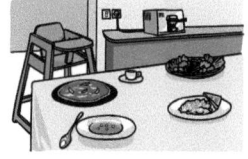

ناهارخوری

menjador

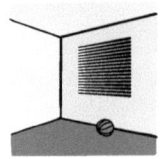

كف زمين

sòl

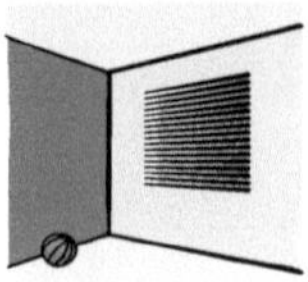

ديوار

paret

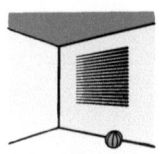

سقف

sostre

زيرزمين

soterrani

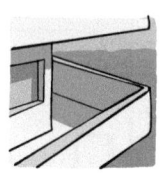

سونا

sauna

بالكن

balcó

تراس

terrassa

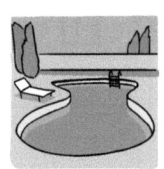

استخر

piscina

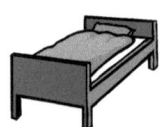

ماشين چمنزنى

tallagespa

ملافه

vànova

روتختى

cobrellit

تخت خواب

llit

جارو

escombra

سطل

galleda

سويچ يا كليد

interruptor

خانه - casa

اتاق نشیمن
sala d'estar

کاغذ دیواری
paper de paret
عکس
quadre
لامپ
làmpada
قفسه
prestatge
کابینت
armari
تلویزیون
televisor
شومینه
escalfapanxes
گل
flor
کوسن
coixí
کاناپه
sofà
گلدان
gerro
کنترل تلویزیون و ویدئو و غیره
telecomanda

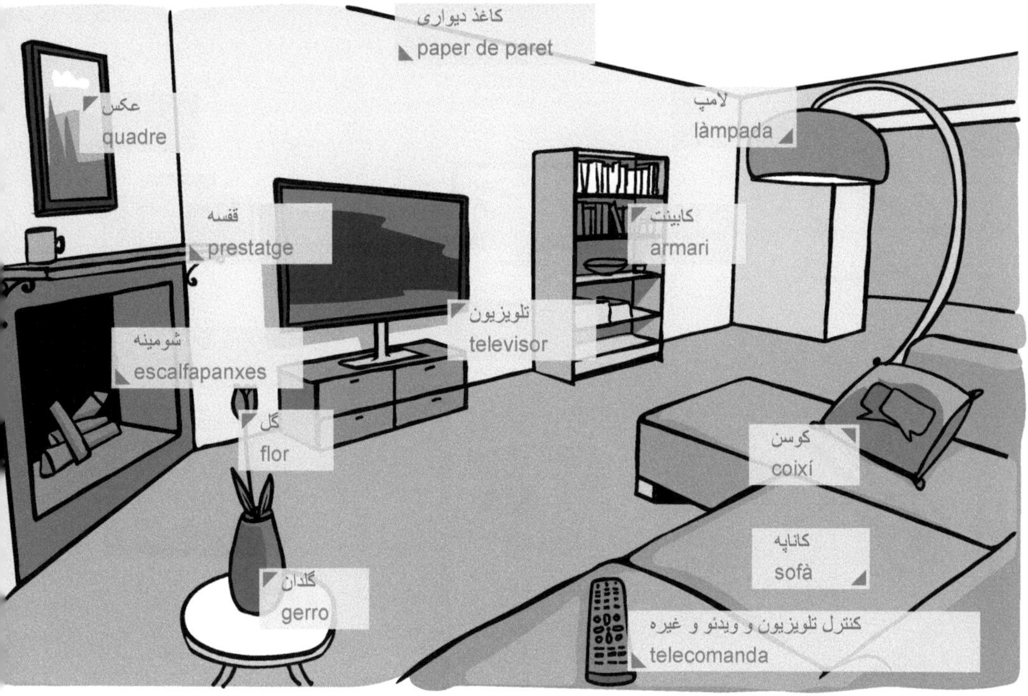

فرش
catifa

پرده
cortina

میز
taula

صندلی
cadira

صندلی گهواره ایی
cadira gronxadora

صندلی راحتی
cadiral

كتاب

llibre

لحاف

llençol

دكوراسيون

decoració

هيزم

llenya

فيلم

film

دستگاه ضبط صوت

cadena de música

كليد

clau

روزنامه

diari

تابلو نقاشى

pintura

پوستر

cartell

راديو

ràdio

دفترچه يادداشت

bloc de notes

جاروبرقى

aspiradora

كاكتوس

cactus

شمع

candela

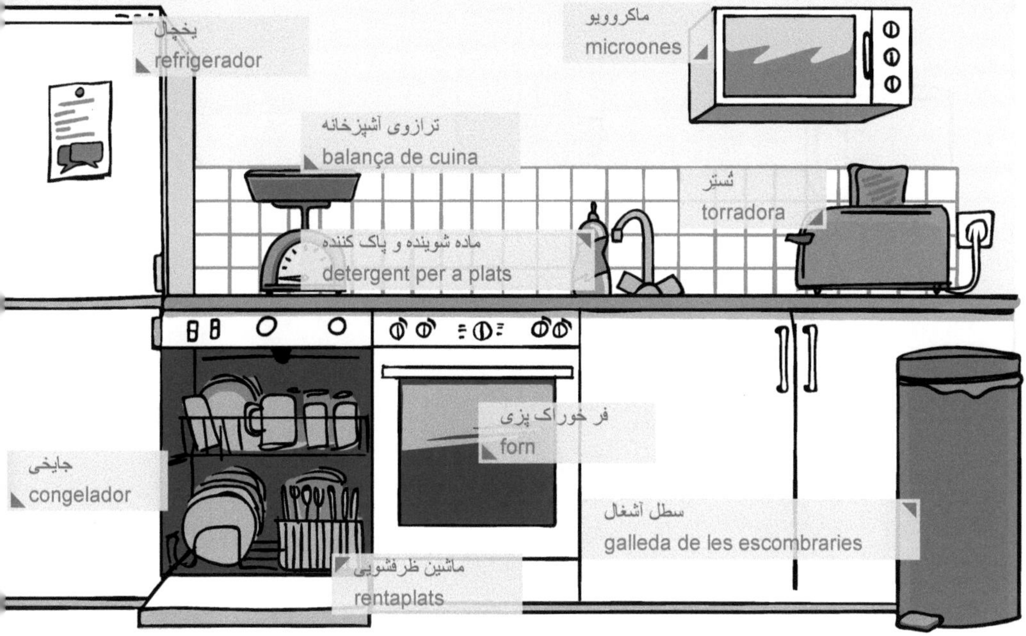

یخچال
refrigerador

ماکروویو
microones

ترازوی آشپزخانه
balança de cuina

تُستر
torradora

ماده شوینده و پاک کننده
detergent per a plats

جایخی
congelador

فر خوراک پزی
forn

سطل آشغال
galleda de les escombraries

ماشین ظرفشویی
rentaplats

اجاق گاز

cuina de fogons

قابلمه

olla

قابلمه چدنی

olla de ferro colat

ماهی تابه گود

wok / karahi

ماهی تابه

paella

کتری

bullidor

بخارپز

olla de vapor

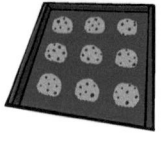

سینی فر

plata de forn

ظرف چینی آشپزخانه

vaixella

لیوان

tassa grossa

کاسه

bol

چاپستیک

bastonets xinesos

ملاقه

culler

کفگیر

espàtula

همزن

batedor

آبکش

colador

آبکش

sedàs

رنده

ratllador

هاون

morter

باربیکیو

barbacoa

محل مخصوص افروختن آتش

foc a terra

تخته گوشت و سبزی

taula de tallar

وردنه

corró

در بطری بازکن

llevataps

قوطی

pot de conserva

در قوطی بازکن

obridor

دستگیره پارچه ای

agafador

سینک ظرفشویی

aigüera

برس گردگیری

raspall

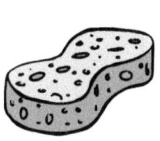

اسفنج

esponja

مخلوط کن

batedora

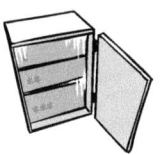

فریزر

congelador

شیشه شیر بچه

biberó

شیر آب

aixeta

حمام
bany

بخاری
calefacció
دوش
dutxa
حوله
tovallola
پرده ی حمام
cortina de dutxa
حمام کف
bany de bombolles
وان حمام
banyera
لیوان
got
ماشین لباسشویی
rentadora
شیر آب
aixeta
کاشی
rajoles
لگن دستشویی کودکان
orinal
سینک ظرفشویی
aigüera

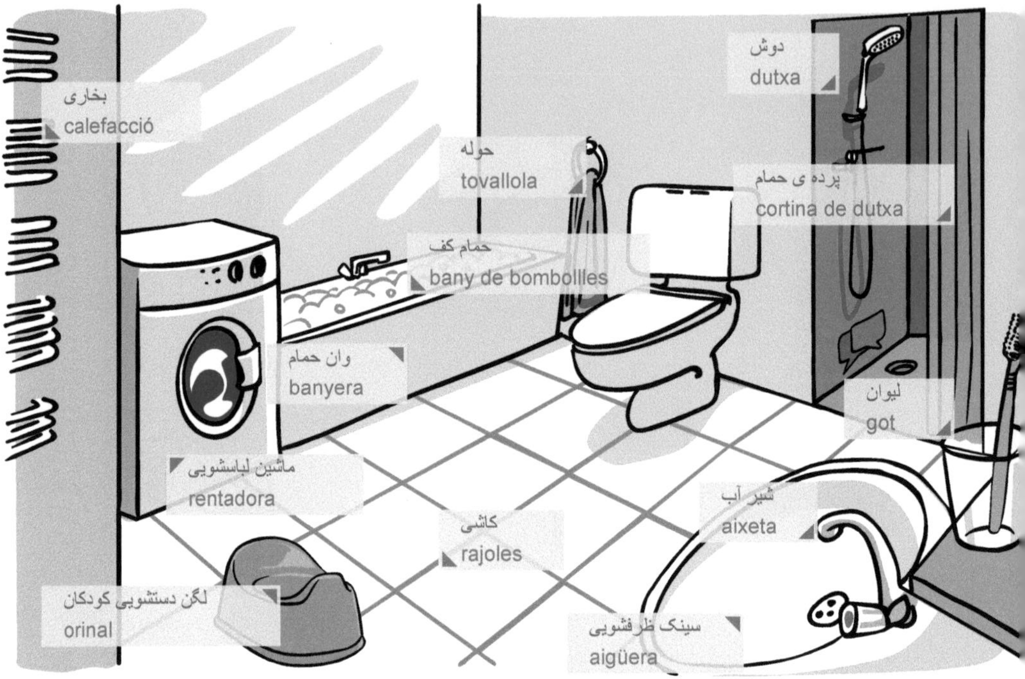

توالت
lavabo

توالت ایرانی
lavabo turc

کاسه توالت
bidet

توالت مخصوص آقایان
orinador

دستمال توالت
paper higiènic

فرچه توالت
escombreta de sanitari

38 حمام - bany

مسواک

raspall de dents

خميردندان

pasta de dents

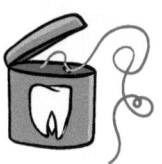

نخ دندان

fil dental

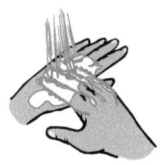

شستن

rentar

دوش آب تلفنى

pom de dutxa

شلنگ توالت

dutxa íntima

لگن روشویی

rentamans

برس شست و شوی پشت

raspall per a l'esquena

صابون

sabó

شامپو بدن

gel de dutxa

شامپو

xampú

ليف حمام

manyopla de bany

راه آب

bonera

كرم

crema

اسپری دئودورانت

desodorant

آیینه

mirall

آیینه ی کوچک دستی

mirall-espill de mà

تیغ ریش تراشی

maquineta de rasar

کف ریش‌تراشی

espuma de barbejar

افترشیو

loció post-rasada

شانه ی سر

pinta

برس

raspall

سشوار

eixugador

اسپری مو

laca

آرایش

maquillatge

رژلب

pintallavis

لاک ناخن

esmalt d'ungles

پنبه

cotó

قیچی ناخن

tallaungles

عطر

perfum

کیف لوازم آرایشی و بهداشتی

estoig de bellesa

چهارپایه

tamboret

ترازو

bàscula

حوله ی پالتویی

barnús

دستکش ظرفشویی

guants de goma

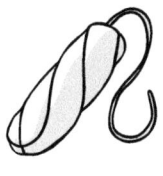

تامپون

compresa higiènica

نوار بهداشتی

compresa

توالت سیار

sanitari químic

اتاق بچه

cambra de nen

ساعت زنگدار
despertador
نوعی عروسک نرم به شکل حیوانات
animal de peluix
ماشین اسباب بازی
auto de joguina
جغجغه
sonall
خانه ی عروسکی
casa de nines
کادو
present

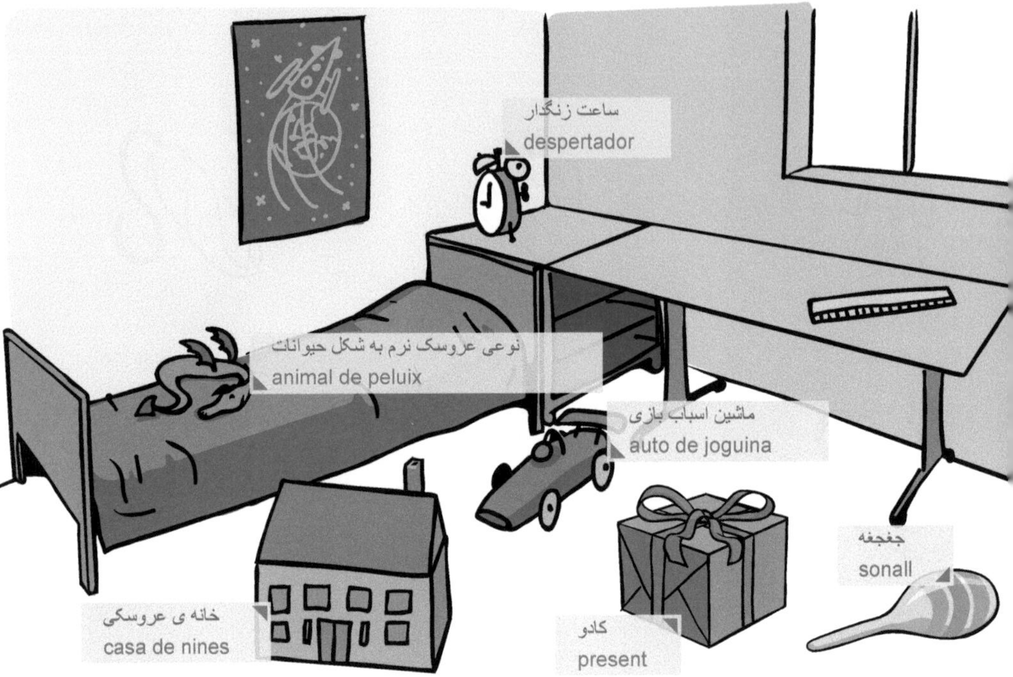

بادکنک
....
baló

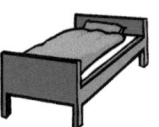

تخت خواب
....
llit

کالسکه بچه
....
cotxet per a nens

بازی ورق
....
joc de cartes

پازل
....
trencaclosca

داستان مصور
....
historieta

اسباب بازی لگو

peces de lego

خانه سازی

peces de construcció

عروسک شخصیت های فیلم و کارتون

ninot d'acció

لباس نوزاد

granota

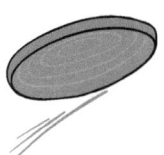

فریزبی

frisbee

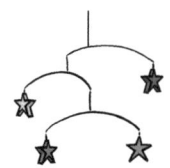

نوعی اسباب بازی که روی تخت نوزاد
یا کودک نصب می شود

mòbil per a bressol

بازی روی صفحه

joc de taula

تاس

daus

قطار اسباب بازی

tren elèctric

پستانک

xumet

مهمانی

festa

کتاب مصور

llibre de dibuixos

توپ

pilota

عروسک

nina

بازی کردن

jugar

جعبه شنی مخصوص بازی کودکان

sorrera

تاب

gronxador

اسباب بازی

joguines

کنسول بازی های کامپیوتری

consola de jocs de vídeo

سه چرخه

tricicle

خرس عروسکی

osset de peluix

کمد لباس

armari

لباس

roba

جوراب

mitjons

جوراب زنانه ساق بلند

mitges

جوراب شلواری

mitja pantaló

شال
tapacoll

چتر
paraigua

تی شرت
camiseta

کمربند
cintura

کفش ورزشی کتانی
sabates d'esport

پوتین
botes

دمپایی
plantofes

صندل
sandàlies

کفش
sabates

چکمه پلاستیکی
botes de goma

شرت
calçonets

سوتین
sostenidor

جلیقه
guardapits

بادى

jjustacòs

شلوار

pantalons

جين

jeans

دامن

faldeta

بلوز

brusa

پيراهن

camisa

پوليور

jersei

سويى شرت

dessuadora

نوعى كت

blazer

ژاكت

jaqueta

كت بلند

mantell

بارانى

impermeable

لباس نمايش

vestit de dona

لباس

vestit de dona

لباس عروس

vestit de núvia

كت و شلوار

vestit d'home

لباس خواب زنانه

camisa de dormir

پیژامه

pijama

ساری

sari

روسری

mocador de cap

عمامه

turbant

برقع

burca

قبا

caftan

عبا

abaia

لباس شنا

vestit de bany

شرت شنا

calçon(et)s de bany

شلوارک

pantalons curts

لباس ورزشی

xandall

پیشبند

davantal

دستکش

guants

دکمه

botó

عینک

ulleres

دستبند

braçalet

گردنبند

collaret

انگشتر

anell

گوشواره

orellera

کلاه لبه دار

casquet

چوب لباسی

penjador

کلاه

capell

کراوات

corbata

زیپ

cremallera

کلاه ایمنی

casc

بند شلوار

elàstics

لباس مدرسه

uniforme escolar

لباس فرم

uniforme

پیش بند بچه

pitet

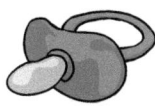

پستانک

xumet

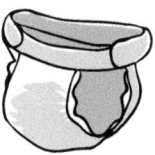

پوشک بچه

bolquer

اداره

oficina

سرور
servidor
کمد نگهداری پرونده
armari arxivador
چاپگر
impressora
کاغذ
paper
مانیتور
monitor
میز تحریر
escriptori
ماوس
ratolí
زونکن
arxivador
صفحه کلید
teclat
سبد کاغذ باطله
paperera
کامپیوتر
ordinador
صندلی
cadira

لیوان قهوه

tassa de cafè

ماشین حساب

calculadora

اینترنت

Internet

لپ تاپ

ordinador portàtil

نامه

lletra

پیغام

missatge

تلفن همراه

mòbil

شبکه ی ارتباطی

xarxa

دستگاه فتوکپی

fotocopiadora

نرم افزار

programari

تلفن

telèfon

پریز

presa de corrent

دستگاه فاکس

fax

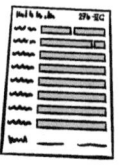

فرم

formulari

مدرک

document

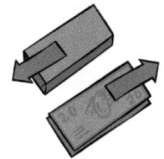

خریدن

comprar

پرداخت کردن

pagar

تجارت کردن

comerciar

پول

diners

دلار

dòlar

یورو

euro

ین

ien

روبل

ruble

فرانک سوئیس

franc suís

یوان رنمینبی

renminbi

روپیه

rupia

دستگاه خودپرداز

caixa automàtica

صرافی

oficina de canvi

طلا

or

نقره

argent

نفت

petroli

انرژی

energia

قیمت

preu

قرارداد

contracte

مالیات

impost

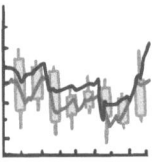

سهام سرمایه

acció

کار کردن

treballar

کارمند

treballador

کارفرما

empresari

کارخانه

fàbrica

مغازه

botiga

مشاغل

oficis

مامور پلیس
oficial de policia
آتش نشان
bomber
آشپز
cuiner
دکتر
doctora
خلبان
pilot

باغبان
....
jardiner

نجار
....
fuster

خیاط زنانه
....
costurera

قاضی
....
jutge

شیمیدان
....
química

بازیگر
....
actor

راننده اتوبوس

conductor d'autobús

راننده تاکسی

taxista

ماهیگیر

pescador

نظافتچی زن

dona de la neteja

سقف ساز

ensostrador

پیشخدمت رستوران

cambrer

شکارچی

caçador

نقاش

pintor

نانوا

forner

برقکار

electricista

کارگر ساختمانی

obrer de la construcció

مهندس

enginyer

قصاب

carnisser

لوله کش

llanterner

پستچی

correu

سرباز

soldat

معمار

arquitecte

صندوقدار

caixera

گل فروش

florista

آرایشگر

perruquer

مامور کنترل بلیط در قطار

revisor

مکانیک

mecànic

ناخدا

capità

دندانپزشک

dentista

دانشمند

científic

عالم يهودى

rabí

امام

imam

راهب

monjo

کشیش

capellà

ابزارآلات

eines

انبردست
tenalles
چکش
martell
پیچ گوشتی
descaragolador
چراغ قوه
llanterna
آچار
clau anglesa

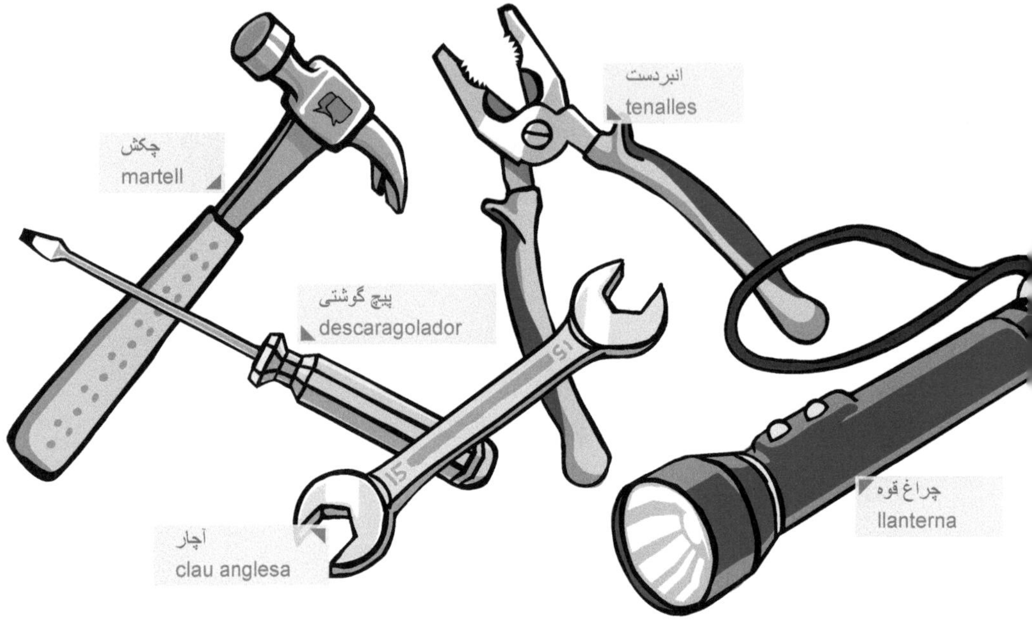

بیل مکانیکی

excavadora

جعبه ابزار

caixa d'eines

نردبان

escala

ارّه

serra

میخ

claus

مته

trepant

تعمیر کردن

reparar

بیل

pala

لعنتی!

Maleït siga!

خاک انداز

pala

سطل رنگرزی

pot de pintura

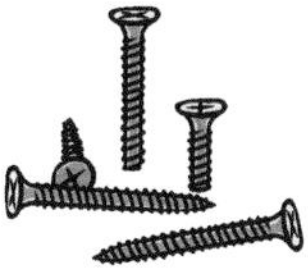

پیچ

caragols

آلات موسیقی

instrument de música

بلندگو
altaveu
درامز
bateria
کنترباس
contrabaix
ترومپت
trompeta
گیتار
guitarra

پیانو

piano

ویولن

violí

گیتار بیس

baix

تیمپانی

timbal

طبل

tambor

کیبورد الکتریک

teclat

ساکسیفون

saxofon

فلوت

flauta

میکروفون

micròfon

باغ وحش

ZOO

ورودی
entrada
ببر
tigre
قفس
gàbia
گورخر
zebra
خوراک حیوانات
aliment per a animals
خرس پاندا
ós panda

حیوانات
animals

فیل
elefant

کانگورو
cangurú

کرگدن
rinoceront

گوریل
goril·la

خرس
ós

شتر
....
camell

شترمرغ
....
estruç

شیر
....
lleó

میمون
....
simi

فلامینگو
....
flamenc

طوطی
....
papagai

خرس قطبی
....
ós polar

پنگوئن
....
pingüí

کوسه
....
ca mari

طاووس
....
paó

مار
....
serp

تمساح
....
cocodril

نگهبان باغ وحش
....
guardià del zoo

خوک آبی
....
foca

پلنگ امریکایی
....
jaguar

اسب کوچک

poni

پلنگ

lleopard

اسب آبی

hipopòtam

زرافه

girafa

عقاب

àliga

گراز

senglar

ماهی

peix

لاک پشت

tortuga

شیرماهی

morsa

روباه

guineu

غزال

gasela

ورزش ها

esports

فوتبال آمریکایی
futbol americà
دوچرخه سواری
ciclisme
تنیس
tenis
بسکتبال
bàsquet
شنا
natació
هاکی روی یخ
hoquei sobre gel
بوکس
boxa

فوتبال

....

futbol americà

بدمینتون

....

bàdminton

دوومیدانی

....

atletisme

هندبال

....

handbol

اسکی

....

esquí

پولو

....

polo

فعالیت ها

activitats

خندیدن
riure
پریدن
saltar
بغل کردن
abraçar
راه رفتن
anar
آواز خواندن
cantar
رؤیا دیدن
somiar
دعا کردن
pregar
بوسیدن
fer un petó

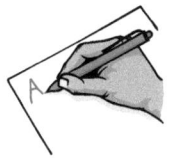

نوشتن

escriure

رسم کردن

dibuixar

نشان دادن

mostrar

هل دادن

pitjar

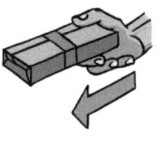

دادن

donar

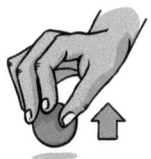

برداشتن

prendre

داشتن
....
tenir

انجام دادن
....
fer

بودن
....
ésser

ایستادن
....
estar dret

دویدن
....
córrer

کشیدن
....
estirar

پرتاب کردن
....
llançar

افتادن
....
caure

دراز کشیدن
....
jeure

منتظر بودن
....
esperar

حمل کردن
....
portar

نشستن
....
asseure's

لباس پوشیدن
....
vestir-se

خوابیدن
....
dormir

بیدار شدن
....
despertar-se

تماشا کردن

mirar

گریه کردن

plorar

نوازش کردن

amoixar

شانه کردن

pentinar

حرف زدن

parlar

فهمیدن

comprendre

پرسیدن

demanar

شنیدن

escoltar

آشامیدن

beure

خوردن

menjar

مرتب کردن

endreçar

عاشق بودن

estimar

پختن

cuinar

رانندگی کردن

conduir

پرواز کردن

volar

قایقرانی کردن

navegar

محاسبه کردن

calcular

خواندن

llegir

یاد گرفتن

aprendre

کار کردن

treballar

ازدواج کردن

casar-se

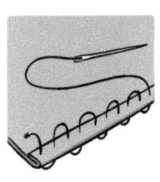

دوختن

cosir

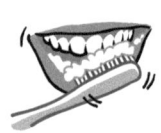

مسواک زدن

raspallar-se les dents

کشتن

matar

سیگار کشیدن

fumar

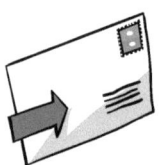

فرستادن

enviar

خانواده
família

مادربزرگ
àvia
پدربزرگ
avi
پدر
pare
مادر
mare
کودک
nadó
فرزند دختر
filla
فرزند پسر
fill

مهمان
....
convidat

خاله، عمه
....
tia

دایی، عمو
....
oncle

برادر
....
germà

خواهر
....
germana

بدن

cos

پیشانی
front
چشم
ull
شانه
espatlla
انگشت دست
dit
صورت
cara
چانه
barbeta
دست
mà
ساق پا
cama
سینه
pit
بازو
braç

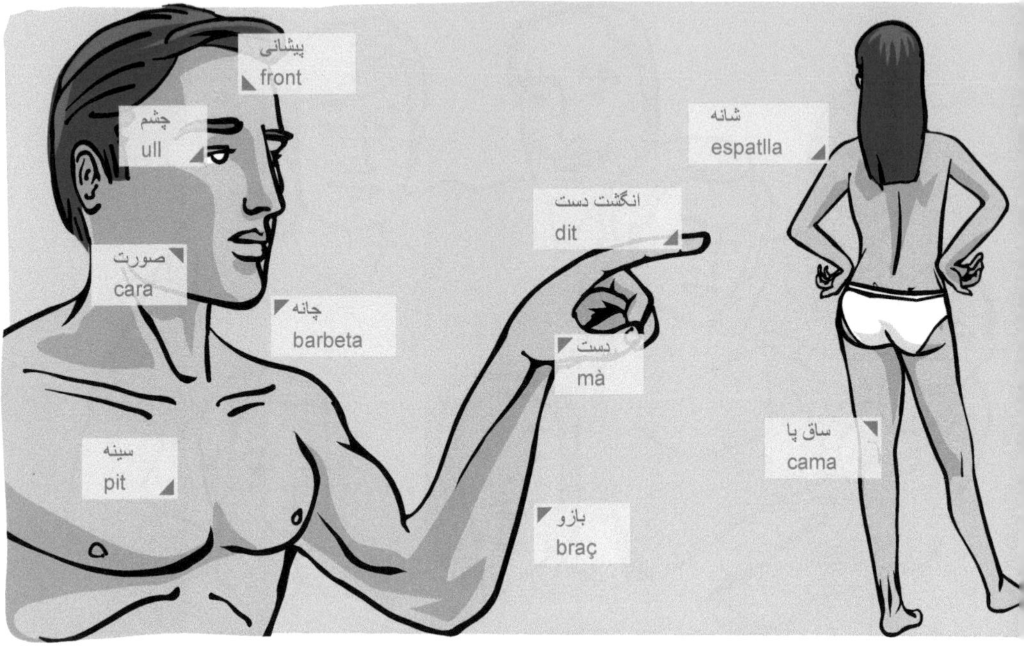

کودک
....
nadó

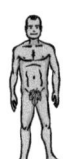

مرد
....
home

زن
....
dona

دختربچه
....
noia

پسربچه
....
noi

کله
....
cap

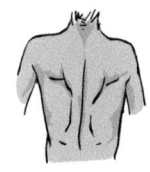

کمر

esquena

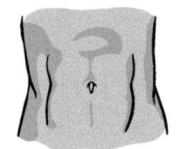

شکم

panxa

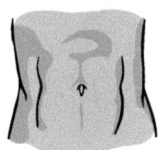

ناف

melic

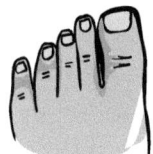

انگشت پا

dit gros del peu

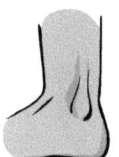

پاشنه

taló

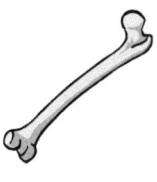

استخوان

os

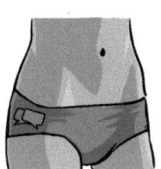

لگن

maluc

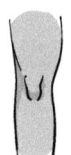

زانو

genoll

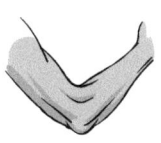

آرنج

colze

بینی

nas

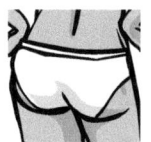

نشیمنگاه

cul

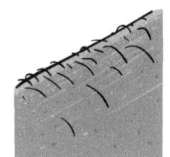

پوست

pell

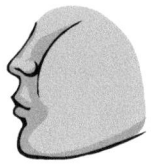

گونه

galta

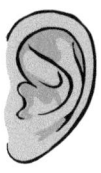

گوش

orella

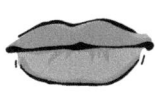

لب

llavi

دهان

boca

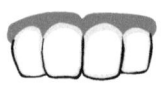

دندان

dent

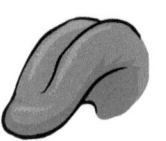

زبان

llengua

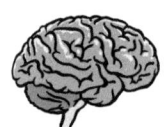

مغز

cervell

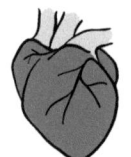

قلب

cor

عضله

múscul

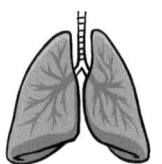

ریه

pulmó

کبد

fetge

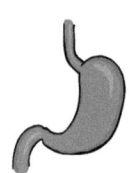

معده

estómac

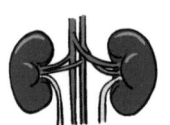

کلیه

ronyó

آمیزش جنسی

relació sexual

کاندوم

preservatiu

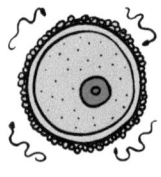

تخمک

ovari

اسپرم

semen

حاملگی

prenyat

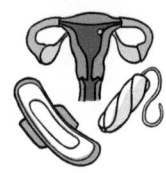

پریود

menstruació

واژن

vagina

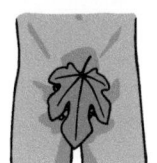

آلت تناسلی مرد

penis

ابرو

cella

مو

cabells

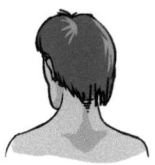

گردن

coll

بیمارستان

hospital

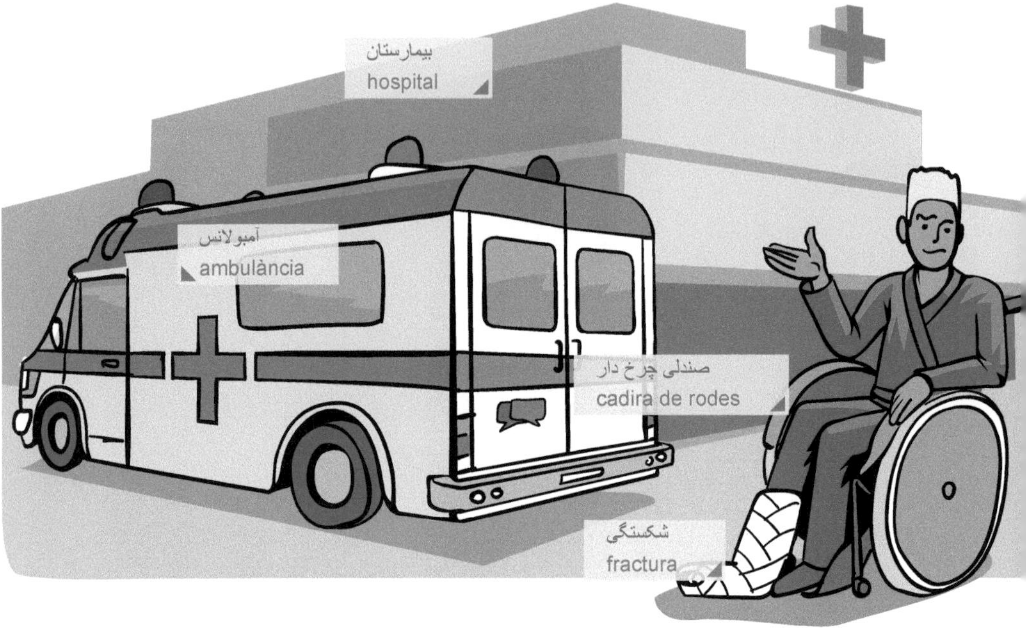

بیمارستان
hospital
آمبولانس
ambulància
صندلی چرخ دار
cadira de rodes
شکستگی
fractura

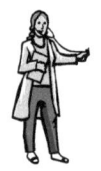

دکتر

doctora

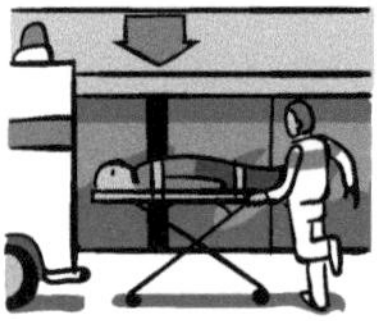

بخش اورژانس

sala d'urgències

پرستار

infermera

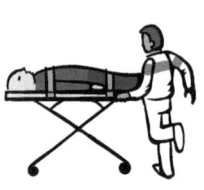

موقعیت اضطراری

urgència

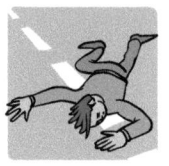

بی هوش

inconscient

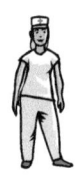

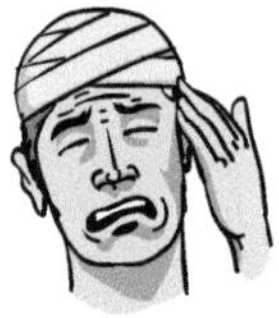

درد

dolor

مصدوميت

ferida

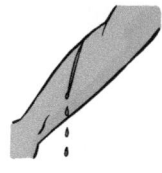

خونريزى

sagnament

سكته قلبى

atac de cor

سكته مغزى

apoplexia

آلرژى

al·lèrgia

سرفه

tos

تب

febre

آنفولانزا

gripa

اسهال

diarrea

سردرد

mal de cap

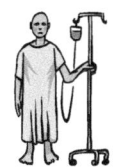

سرطان

càncer

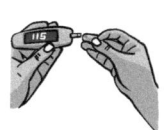

ديابت

diabetis

جراح

cirurgià

چاقوى جراحى

escalpel

عمل جراحى

operació

سی تی اسکن

tomografia computada (TC), TAC

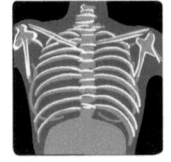

پرتونگاری

raigs x

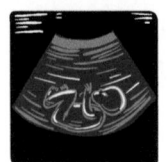

سونوگرافی

ultrasò

ماسک صورت

mascareta

بیماری

malaltia

اتاق انتظار

sala d'espera

چوب زیر بغل

crossa

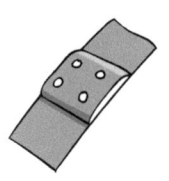

چسب زخم

tireta

پانسمان

embenat

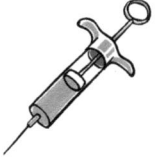

تزریق

injecció

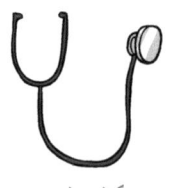

گوشی طبی

estetoscopi

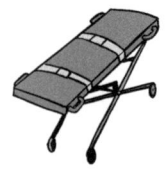

برانکار

llitera

دماسنج

termòmetre clínic

زایش

pariment

اضافه وزن

sobrepès

بیمارستان - hospital

سمعک

aparell auditiu

ماده ضد غفونی کننده

desinfectant

عفونت

infecció

ویروس

virus

اچ آی وی / ایدز

VIH / SIDA

دارو

medicina

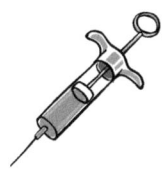

واکسیناسیون

vaccí

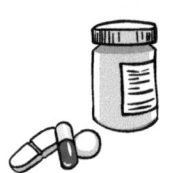

قرص

comprimits

قرص ضد حاملگی

píl·lola

تماس اظطراری

trucada d'urgència

دستگاه اندازه گیری فشارخون

tensiòmetre

مریض / سالم

malalt / sà

موقعیت اضطراری

urgència

کمک!

....

Socors!

آژیر خطر

....

alarma

حمله

....

assalt

حمله ی فیزیکی

....

atac

خطر

....

perill

خروج اظطراری

....

sortida-eixida d'urgència

آتش

....

Foc!

کپسول آتش‌نشانی

....

extintor

تصادف

....

accident

جعبه کمک های اولیه

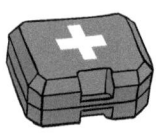

....

farmaciola de primers auxilis

درخواست کمک

....

SOS

پلیس

....

policia

کره زمین
terra

اروپا
....
Europa

آمریکای شمالی
....
Amèrica del Nord

آمریکای جنوبی
....
Amèrica del Sud

آفریقا
....
Àfrica

آسیا
....
Àsia

استرالیا
....
Austràlia

اقیا نوس اطلس
....
Atlàntic

اقیانوس آرام
....
Pacífic

اقیانوس هند
....
Oceà Índic

اقیا نوس اطلس جنوبی
....
Oceà Antàrtic

اقیانوس منجمد شمالی
....
Oceà Àrtic

قطب شمال
....
pol nord

قطب جنوب

pol sud

قاره قطب جنوب

Antàrtida

کره زمین

terra

سرزمین

país

دریا

mar

جزیره

illa

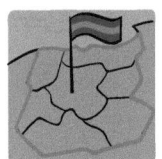

ملت

nació

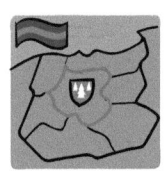

کشور

estat

ساعت

rellotge

صفحه ی ساعت

quadrant

ساعت شمار

agulla de les hores

دقیقه شمار

agulla dels minuts

ثانیه شمار

agulla dels segons

ساعت چند است؟

Quina hora és?

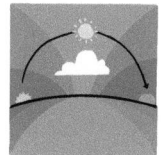

روز

dia

زمان

temps

اکنون

ara

ساعت دیجیتال

rellotge digital

دقیقه

minut

ساعت

hora

هفته

setmana

دوشنبه
dilluns
سه شنبه
dimarts
چهارشنبه
dimecres
پنج شنبه
dijous
جمعه
divendres
شنبه
dissabte
SA
یک شنبه
diumenge

دیروز

ahir

امروز

avui

فردا

demà

صبح

matí

ظهر

migdia

غروب

tarda

روزهای کاری

dia feiner

آخر هفته

cap de setmana

سال

any

رنگین کمان
arc de Sant Martí
باران
pluja
بهار
primavera
تابستان
estiu
باد
vent
پاییز
tardor
برف
neu
زمستان
hivern

4.APRIL 11°
5.APRIL 4°
6.APRIL 13°
7.APRIL 8°
8.APRIL 10°

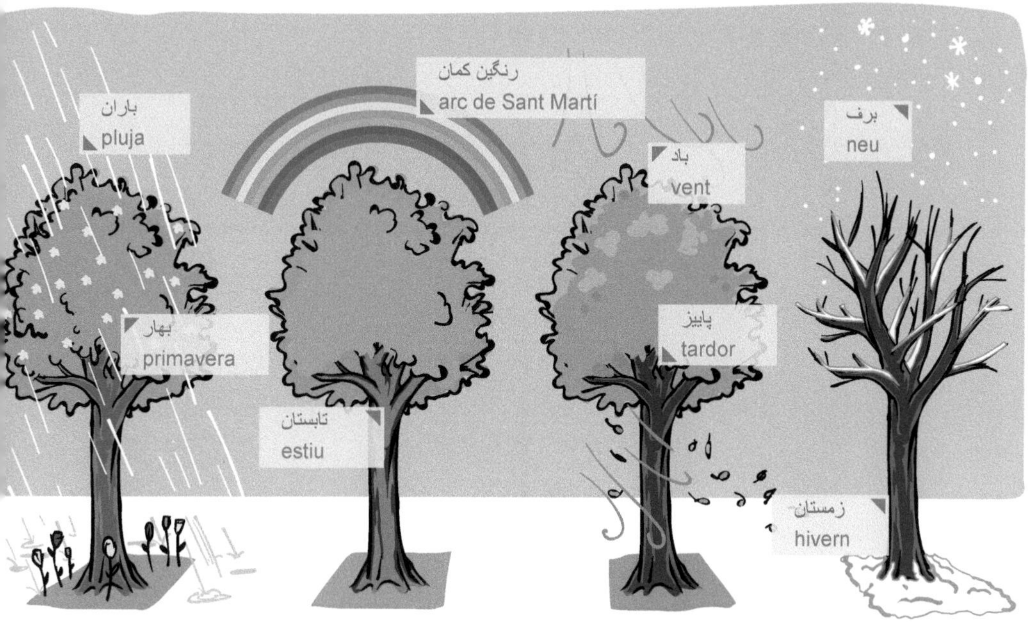

پیش‌بینی اوضاع جوی

pronòstic del temps

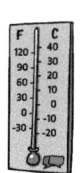

دماسنج

termòmetre

تابش آفتاب

llum del sol

ابر

núvol

مِه

boira

رطوبت هوا

humiditat de l'aire

صاعقه

llamp

آسمان غره

tro

طوفان

tempesta

تگرگ

calamarsa

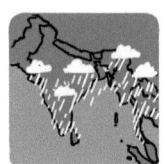

باد موسمی

monsó

سیل

inundació

یخ

gel

ژانویه

gener

فوریه

febrer

مارس

març

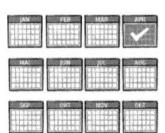

آوریل

abril

مه

maig

ژوئن

juny

ژوئیه

juliol

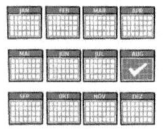

آگوست

agost

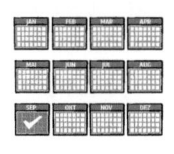

سپتامبر

setembre

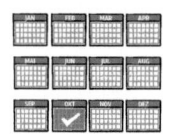

أكتبر

octubre

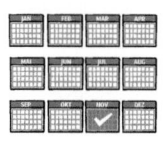

نوامبر

novembre

دسامبر

desembre

آَشكال

formes

دايره

cercle

مربع

quadrat

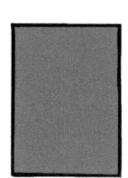

مستطيل

rectangle

سه گوش

triangle

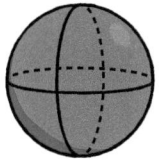

گره

esfera

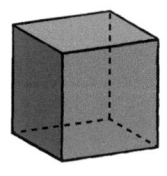

مكعب مربع

cub

رنگ ها

colors

سفید

blanc

زرد

groc

نارنجی

taronja

صورتی

rosa

قرمز

vermell

بنفش

lila

آبی

blau

سبز

verd

قهوه ای

marró

خاکستری

gris

سیاه

negre

متضاد ها

oposats

خیلی / کم

molt / poc

خشمگین/ آرام

emprenyat / tranquil

زیبا / زشت

bonic / lleig

شروع / پایان

començament / fi

بزرگ / کوچک

gran / petit

روشن / تیره

clar / fosc

برادر / خواهر

germà / germana

تمیز / آلوده

net / brut

کامل / ناقص

complet / incomplet

روز / شب

dia / nit

مرده / زنده

mort / viu

پهن / باریک

ample / estret

قابل خوردن / غیر قابل خوردن

comestible / immenjable

غضبناک / مهربان

dolent / amable

هیجان زده / بی حوصله

entusiasmat / entediat

چاق / لاغر

gros / prim

اولین / آخرین

primer / darrer

دوست / دشمن

amic / enemic

پر / خالی

ple / buit

سفت / نرم

dur / tou

سنگین / سبک

pesant / lleuger

گرسنگی / تشنگی

gana / set

مریض / سالم

malalt / sà

غیرقانونی / قانونی

il·legal / legal

باهوش / خنگ

intel·ligent / ximple

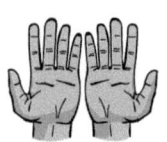

چپ / راست

esquerra / dreta

نزدیک / دور

prop / llunyà

نو / استفاده شده

nou / usat

هيچ چيز / چيزى

res / quelcom

پير / جوان

vell / jove

روشن / خاموش

encès / apagat

باز / بسته

obert / tancat

آهسته / بلند

silenciós / sorollós

ثروتمند / فقير

ric / pobre

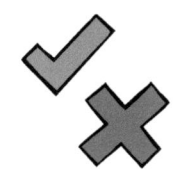

درست / غلط

correcte / incorrecte

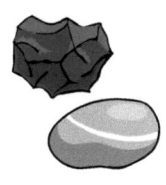

زبر / صاف

aspre / suau

غمگين / خوشحال

trist / content

كوتاه / بلند

curt / llarg

كند / تند

lent / ràpid

تر / خشک

humit / sec - eixut

گرم / خنک

calent / fred

جنگ / صلح

guerra / pau

متضاد ها - oposats

87

اعداد
nombres

0

صفر

zero

1

یک

u

2

دو

dos

3

سه

tres

4

چهار

quatre

5

پنج

cinc

6

شش

sis

7

هفت

set

8

هشت

vuit

9

نه

nou

10

دَه

deu

11

یازده

onze

12
دوازده
....
dotze

13
سیزده
....
tretze

14
چهارده
....
catorze

15
پانزده
....
quinze

16
شانزده
....
setze

17
هفده
....
disset

18
هجده
....
divuit

19
نوزده
....
dinou

20
بیست
....
vint

100
صد
....
cent

1.000
هزار
....
mil

1.000.000
میلیون
....
milió

زبان ها

llengües

انگلیسی

....

anglès

انگلیسی آمریکایی

....

anglès americà

چینی ماندارین

....

xinès mandarí

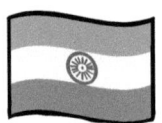

هندی

....

hindi

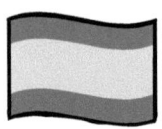

اسپانیایی

....

espanyol

فرانسوی

....

francès

عربی

....

àrab

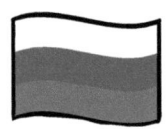

روسی

....

rus

پرتغالی

....

portuguès

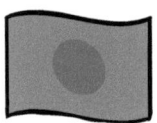

بنگالی

....

bengalí

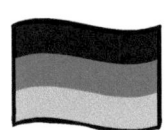

آلمانی

....

alemany

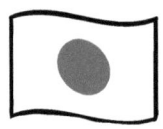

ژاپنی

....

japonès

چه کسی / چه چیزی / چگونه

qui / què / com

من

jo

تو

tu

او

ell / ella / allò

ما

nosaltres

شما

vosaltres

آنها

ells

چه کسی؟ کی؟

qui?

چی؟

què?

چگونه؟

com?

کجا؟

on?

کِی؟

quan?

نام

nom

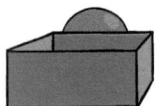

کجا

on

پشت

darrere

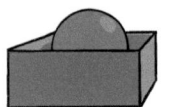

توی

en

جلو

davant de

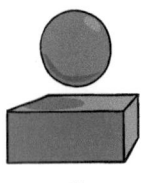

بالای

damunt

روی

sobre

زیر

sota

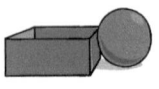

مجاور

al costat

بین

entre

مکان

lloc